LA VIDA DETRÁS DE UN VOLANTE

LIFE BEHIND A WHEEL

ELISEO RADAI PÉREZ RAMÍREZ

Version in Spanish and English

Library of Congress Control Number: 2015909852
ISBN: Softcover   978-1-5065-0633-3
                   Ebook   978-1-5065-0632-6

Print information available on the last page.

Rev date: 7/2/2015

To order additional copies of this book, please contact:
Palibrio
1663 Liberty Drive
Suite 200
Bloomington, IN 47403
Toll Free from the U.S.A 877.407.5847
Toll Free from Mexico 01.800.288.2243
Toll Free from Spain 900.866.949
From other International locations +1.812.671.9757
Fax: 01.812.355.1576
orders@palibrio.com

LA VIDA DETRÁS DE UN VOLANTE

AGRADECIMIENTO

A Dios, padre de misericordias y de nuevas oportunidades.

A mi bella, compresiva y amada esposa, porque cada vez que yo salía ella, doblada sus rodillas pidiéndole a Dios su protección para mí; en las diferentes carreteras.

A mis hijos, por su comprensión y obediencia.

A mis padres, por darme la vida.

A mis hermanos y hermanos por su especial cariño.

Y a usted por leer mi libro.

CONTENIDO

INTRODUCCIÓN

En este libro te presento toda una aventura de un conductor, denominado "la vida detrás de un volante de 18 ruedas", la vida es alegre, fascinante, un misterio, una gran bendición de Dios para cada ser humano. Es un regalo, lindo maravilloso y de cada persona depende como tratarla, como vivirla, como disfrutarla o sufrirla. Se cuenta, la historia de mi vida, la experiencia vivida detrás de un volante de 18 ruedas, si un camión, que transporta gran cantidad de mercadería por cientos de millas, de una ciudad a otra, de un estado a otro. De un comercial a otro, manejando horas y horas, día y noche. Con la esperanza de decir, misión cumplida, familia. He trabajado, he ganado el pan de cada día porque los amo. Sí por amor a la familia, no importan las horas de trabajo para asegurar que en casa, siempre haya para pagar los viles que mes a mes llegan, el alimento, la educación, la salud, entre otras cosas. Así que bienvenido a leer esta maravillosa experiencia de vida.

HAY QUE SER GOLPEADO PARA PODER APRENDER

LA VIDA DETRÁS DE UN VOLANTE DE 18 RUEDAS

Bienvenido a leer esta historia maravillosa, una vida llena de aventuras, de penas, de alegrías y hasta de enfermedad. ¿Qué enfermedad? Sí, lamentablemente sí. En la vida suceden tantas cosas buenas y malas, ¿No te parece? Creo que cada persona enfrenta en la vida, diversas dificultades. Pero, para ver los milagros es necesario enfrentar problemas. Porque las cosas posibles, las hace el ser humano pero las imposibles las hace Dios.

Recuerda la resurrección de Lázaro, bueno para ver la resurrección, primero murió, si no hubiese muerto no habrían mandado a llamar a Jesús. Recuerdas a la mujer con el flujo de sangre, ella estuvo enferma por más de doce años. Y dijo: Si tan solo tocare el manto de Jesús quedaré sana y así fue, pues había gastado en muchos doctores, y nadie la sanó, solamente Jesús la sanó.

LA HISTORIA DE MI VIDA

La historia de mi vida "El truckero derrotado pero no derribado" es interesante, porque Cristo me salvó y me sanó y ahora Le sirvo a Él, le canto y Le agradezco la oportunidad que me ha dado de entregarle mi vida a Cristo Jesús, quien salvó mi vida y me redimió con su sangre preciosa. Gloria sea a Él. Dios es un Dios de segundas oportunidades, de nuevos comienzos.

LA ENFERMEDAD

Ya que me dio una meningitis pero sigo vivo para contarlo para Glorificar a aquel que me rescató Jesús de Nazaret. Debo de reconocer algunas cosas y decir: Dios mío perdóname, Esposa mía perdóname, Hijo. Jayson perdóname Hijo Radai perdóname, no fui un buen esposo, no fui un buen padre, no fui un buen hijo, no les di algo bueno en la vida, les pido perdón.

UN DIOS DE OPORTUNIDADES

Pero ahora que Dios me dio la oportunidad de arreglar mi vida espiritual, gracias doy a Dios por su misericordia que me muestra a toda hora y no solo conmigo sino con toda mi familia. Ahora, te ruego Señor que me des las fuerzas para seguir adelante, ayúdame a perdonar y a pedir perdón a mi esposa, a mis hijos y a Ti Dios mío, perdóname, de todos mis pecados, quiero estar listo para tu venida y bien con todos.

GRATITUD A MI FAMILIA

Gracias también por mi hermana Rosalinda y por mi cuñado Rerto y por sobrinas Juliana por Elisa; es la familia que ha convivido conmigo en las buenas y en las malas todos los días y también les pido perdón a mis padres, Jose Guillermo Perez e Hilaria Robelina Ramirez por no ser un buen hijo, perdón, reconozco que fallé pero los amo. Dios me da otra oportunidad para acercarme otra vez a toda mi familia y a Jesucristo que es lo más importante para mi Salvación. Yo, Eliseo fui un truckero que me fue bien mientras tenía salud física, pero no estaba preparado para lo peor, me paseé por los EE. UU.

Recorrí caminos, paisajes, pueblos, pero lo comento porque sé que muchos como yo andan manejando viviendo el momento, pero tenemos que prepararnos para la prueba en primer lugar de nuestra vida con Cristo Jesús, pero también pensar en nuestra familia; no solo de recorrer el día, qué será de ellos cuando venga la tormenta estás preparado tú?

EL DELEITE DE MANEJAR

Manejar un camión era mi deleite pero me llegó el fin, se acabo el privilegio pero la vida sigue. Aunque con mis pensamientos puedo ir una y otra vez, viajar y disfrutar, pues, Dios hizo la imaginación, y recordar es volver a vivir.

Espero narrar mis aventuras para que así como yo vivía el día tras día, A ti trukquero, espero que no te pase lo mismo, pues mis desvelos y aguantadas de hambre no valió la pena en cierto sentido.

Entonces qué hacer atrás del volante de 18 ruedas. Bueno es una emoción hermosa pero es una responsabilidad grande, te preparas para recorrer la carretera a reglas, tu reporte de horas para pasar las basculas, eso es otro nerviosismo al pasar enfrente de los policías, peor cuando están de malas, haciendo inspecciones; que desventura si te hallan algo que tienes que reparar en el camión a esperar el mecánico y luego se aprovechan, te cobran más de lo normal y luego si no has comido, a aguantar hambre a veces todo el día y quien te lo agradece nadie; más bien regañan bueno, te cuento para que te prepares pues todo tiene consecuencias.

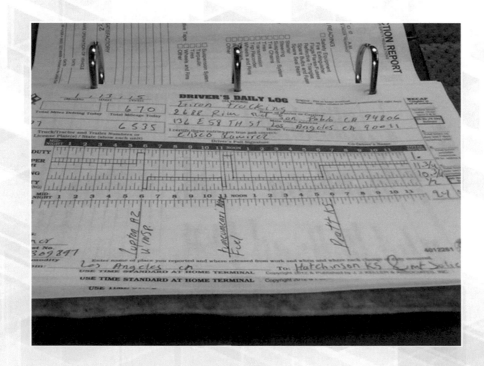

¿QUIEN SE ACUERDA DE TI?

Yo al cabo del tiempo me enfermé y mira nadie pero nadie se acordara de ti. Solo Cristo Jesús que me rescató para darme nueva vida con su muerte en la cruz. Búscale ahora que hay tiempo antes que te pasa lo que a mí me pasó, pero gracias a Dios tengo vida y espero agradarle a Él.

Los únicos que están conmigo son mi familia, a quienes aprecio y amo, y además les agradezco por su apoyo incondicional a mi vida. Dios los bendiga siempre.

Sabes, Yo también perdí mi casa, como muchos que andan dejando la vida atrás del volante de 18 ruedas de un camión.

EL PRECIO

Dejamos de atender a la esposa, a los hijos, no les ayudamos en las tareas de la escuela por qué crees que hay tanto niño desobediente por lo mismo que se crían solos. Pues el papá anda lejos recorriendo carreteras cuando deberíamos ver a nuestros hijos, ellos son nuestra herencia, pues dice la Biblia "Herencia de Jehová son los hijos, y cosa de estima el fruto del vientre" (Salmo: 127:3) Por eso, debemos atenderlos en sus necesidades.

El precio que pagan los hijos en una gran Nación como Los Estados Unidos, son las lágrimas, pues, también las Mamás los dejan con la señora que los cuida o en la guardería desde las seis de la mañana hasta las tres de la tarde. Debemos de sembrar amor, dinero, atención, cuidados, diversión en nuestros hijos, ellos son nuestro futuro.

Pues ellos si valen; no un viaje bien pagado que al final se gasta el dinero en reparaciones, pero eso no lo comprendemos hasta cuando: lo has perdido todo, el bróker o el dueño de la mercadería que mueves, no te lo agradecen si alguien hace dinero será el bróker que a él si le pagan bien el trabajo, y el que sufre el pobre chofer que sufre las inclemencias del tiempo, agua o nieve a poner cadenas batallas para llegar a tu destino.

Bueno para evitar accidentes, muchas veces cierran las carreteras y si quedas atrapado y sin comida.

LOS MIGRANTES

Son personas indocumentadas que llegan muchas veces a sufrir pero eso solo tú lo soportas y de allí vienen las enfermedades que en un futuro deberás pagar las consecuencias la verdad de una gran nación movida por emigrantes de todas partes del mundo.

Claro por ciudadanos también, el precio de las casas de Guatemala y de otras naciones, lagrimas de niños dejados todo el día en la guardería o con la vecina que sufren los desprecios de la crianza de la niñez quienes lo logran donde acaba la mayoría será que en las universidades o en las cárceles, son pocos los que logran su titulo por la culpa del sueño Americano.

También son pocos los que lo logran, porque tienen miedo de la soledad, bueno solo en una gran ciudad quien sabe que existes; solo tu familia la muchas veces abandonas, por mucho tiempo que pasas fuera de casa. Recuerda, cada día es una oportunidad, para vivir, para soñar, para trabajar, para respirar, así que disfrútala y ten en todo, presente a Dios, a tu familia que seguramente te ama, a tu país, a la tierra que te vio nacer, crecer y volar también. Sé que Dios, es un Dios de oportunidades, y espero tener otra oportunidad y esta vez hacerlo bien claro, Dios en primer lugar pero para eso tengo que pedir sabiduría, solamente así lo lograré.

VIAJANDO POR OREGÓN

Bueno te cuento un poco del Estado de Oregón muy hermoso con sus montañas ríos, venados; de allí vienen los arbolitos de navidad, también las flores, también la madera de construcción y toda clase de madera.

VIAJANDO POR SEATTLE

El estado de Seattle, Washington, también produce manzanas, papas y lo traen para el estado de California. También produce papel, se traen rollos de papel; tiene lugares bonitos pero allí casi todo el tiempo está lloviendo por eso todo el tiempo están verde los arboles y el pasto.

De hecho, es el Estados donde más llueve en todo el año y también cae mucha nieve y hay mucha gente latina trabajando en las montañas sacando madera, y también te muestro estas fotos para que veas la belleza de la naturaleza de la creación de nuestro Dios todo poderoso, Gloria sea a Él por siempre y así de otros estados de la Unión Americana.

ARIZONA

Arizona que tiene lugares bellos pero desérticos, es el Estado donde perece mucha gente que lo cruza, podemos ver tanta documentación que lo confirma que allí queda mucha gente latina por el sueño, el Sueño Americano, significa, diversas cosas a personas diferentes.

A mí, el sueño americano significa Oportunidad. Primero, ¿Qué es para ti el Sueño Americano? Para mí, era la idea de vivir en los Estados Unidos, tener una casa, estudiar y trabajar en lo que estudiaste.

Supuestamente al conseguir estas cosas cumplirías el tan deseado "Sueño Americano" lo cual, se supone que conlleva a la felicidad, y no es raro dudar de este raro concepto es que de antemano lo caracterizamos como un sueño que es alcanzado.

Pero, ponte a pensar un poco más, a qué precio consigues este sueño. Dejamos todo atrás por este sueño: familia, país, costumbres, cultura y a las personas que quieres, porque tienes la idea fija de alcanzar ese sueño que te dará la felicidad. Trabajas duro para ello por muchos años, sacrificas todo lo que tienes incluyendo parte de tu vida para llegar a la cima de ese sueño.

Una vez llegado, ¡ya lo lograste! Ahora ves atrás y te das cuenta o te preguntas si realmente valió la pena, te enfocaste tanto en ese sueño sin cuestionarte si realmente valdría la pena. Pues un americano tiene la oportunidad de hacer muchas cosas, y un inmigrante también puede llegar lejos, a base de esfuerzo, de entusiasmo, de trabajo y sobre todo apoyar a sus hijos en su educación, pues la educación es la mejor herencia que los padres le pueden dar a sus hijos; con ello, vendrán mejores oportunidades. Para los hijos, y así poder ser competentes, titulados, con mejores oportunidades de trabajo.

En algunos países las mujeres no tienen la oportunidad de ir a la escuela. Por eso, hay que apoyar tanto a las hijas como a los hijos en su educación. Tener un sueño Americano es beneficioso a la sociedad. Al país de origen, y sobre todo a la familia. Es luchar y creer por algo, pero al mismo tiempo la gente debe ser realista sobre lo que toma para lograr el sueño Americano. Estar consciente de los riesgos.

EL PUERTO DE LONG BEACH, CA

Bueno les contaré algo sobre el puerto de Long Beach, CA, donde sale la mayoría de contenedores que traen los juguetes, la tela, bueno casi toda la mercadería que se mueve en Los Ángeles que viene de otros países, especialmente de China. Bueno para empezar la entrada, las grandes líneas de trucks y que creen por cuarenta dólares por un contenedor y cuantas horas para sacar uno y cuantos sacan al día, pues quiere mucha paciencia y luego a batallar con el trafico que es algo no para cardiacos, pues se miran accidentes; carros a alta velocidad, lugares muy estrechos pero bueno hay que hacerlo así, es como se mueve toda la mercadería de la gran Nación de los Estados Unidos de América.

Pues, lo cuento porque sé que hay tantos que soñamos con ser truckeros pero son sueños que cada uno tiene que cumplir. Bueno, también Miami, FL, tiene puertos, Nueva York, entre otras ciudades, por todos lados llegan los contenedores y no digamos por el tren también. De esta forma se mueven por todos lados la mercadería de distinto tipo.

Oh, yo me preguntaba cómo se mueve esta gran nación y así como yo han de haber muchos que se preguntan lo mismo, pues, así es como se mueve la Nación por Tráileres y también por aviones se mueve de todo. Déjame contarte que tan injustos son los brókeres de las cargas que te pagan bien para un lado pero de regreso te sacan los ojos pues te pagan bien poquito, hazte cuenta que les estás haciendo un favor no un trabajo, por ejemplo un viaje a Miami FL, te pagan un dólar con cuarenta centavos, pero de regreso te dan noventa centavos, eso no es justo pero hay alguien que lo hace, bueno pura sobre vivencia porque negocio no es para uno, solo para el bróker que se aprovechan de los truckeros que aguanta sueño y hambre para poder llegar a su destino.

VIAJANDO POR LOS 4 PUNTOS CARDINALES

Y eso es para donde quieras correr para el norte o sur, para los cuatro puntos cardinales, ya lo tienen todo controlado, y nadie dice nada solo sufren, lo viven, lo soportan pero lo siguen haciendo hasta cuándo habrá un control algo que sea justo para todos, eso espero.

Bueno, esto es parte de mi Historia de Eliseo como chófer de 18 ruedas, manejando día y noche. Si la vida te golpea, es para que reconozcamos a Dios Todo Poderoso en nuestras vidas y aprendamos a valorizar a nuestra esposa e hijos y a toda nuestra familia lo que Dios nos dio es para que lo amemos y seamos felices amen.

BIOGRAFÍA

Eliseo, de nacionalidad guatemalteca, nací en el año 1968. Estudié en IMEBCA hasta tercero básico y viajé a los EE.UU. donde trabajé como conductor de camiones durante 15 Años. Vivo en Los Ángeles con mi esposa y mis dos hijos. Este libro lo dedicó a Dios, a mi esposa, a mis hijos, a mis padres y mis compañeros, los camineros que recorren a diario las carreteras para ganarse el pan de cada día.

LIFE BEHIND A WHEEL

ACKNOWLEDGEMENT

To God, merciful father of new opportunities.

To my beautiful, compassionate and loving wife, because each time I left, she begged God on her knees for my safety on the different roads.

To my children, for their understanding and obedience.

To my parents, for giving me life.

To my brothers and sisters for their special affection.

And to you, for reading my book.

CONTENT

INTRODUCTION

In this book I present a true adventure of a trucker, called "Life behind an 18-wheeler", that life is joyful, fascinating, a mystery and a great blessing from God for every human being. It is a gift, beautiful and wonderful and it is up to every person how to treat it, live it, enjoy it or suffer it.

My life's story is told, the experience lived behind the wheel of an 18-wheeler, yes a truck, that transports a great quantity of goods for hundreds of miles, from one city to another, from one State to another. From a merchant to another, driving hours upon hours, day and night. With the hope of saying, mission accomplished, family. I have worked, I have earned the daily bread because I love you. Yes because of love for my family, the work hours do not matter just to ensure that back home, there is always enough to pay the bills that come every month, food, education, health, among other things.

So welcome, reader, to this wonderful life experience.

YOU HAVE TO BE HIT TO LEARN

LIFE BEHIND AN 18-WHEELER

Welcome to reading this wonderful story, a life full of adventures, pains, joys and even sickness. What sickness? Yes, regrettably, yes. In life, so many good and bad things happen, don't you think? I believe every person faces different obstacles in life. But, to be able to see the miracles, you must face the problems. Because possible things are made by humans, but impossible ones are made by God.

Remember the resurrection of Lazarus, well, to see the resurrection, he died first. Had he not died, Jesus would not have been called. Remember the woman with the blood flow, she was sick for over twelve years. And said: If I only touched Jesus' mantle, I would be healed, and thus it was, for she had spent on many doctors, and nobody healed her, only Jesus did.

THE STORY OF MY LIFE

The story of my life "the defeated but not fallen trucker" is interesting, because Christ saved me and healed me, and now I serve Him, I sing to Him and thank him for the opportunity He has given me to devote my life to Jesus Christ, who saved my life and redeemed me with his precious blood. Glory be onto Him. God is a God of Second Chances, of New Beginnings.

THE SICKNESS

Because I was struck with Meningitis but still live to tell about it to Glorify Him who rescued me, Jesus of Nazareth. I must acknowledge some things and say: My God, forgive me, My beloved Wife, forgive me, Jayson, forgive me, Radai, forgive me, I was not a good husband, I was not a good father, I was not a good son, I did not give you something good in life, I ask your forgiveness.

A GOD OF OPPORTUNITIES

But now that God has given me the chance to fix my spiritual life, I thank God for his mercy, that He proves to me at every step and not only for me but for my entire family. Now, I beg you Lord to give me strength to carry on, help me forgive and ask forgiveness of my wife, my children and you Dear God, forgive me for all my trespasses, I want to be ready for your coming and be well with everyone.

GRATITUDE TO MY FAMILY

Thank you also for my sister Rosalinda and for Robert, and for Juliana, and for Elisa, the family that has lived with me through good and bad, every day, and also I ask my parents to forgive me, Jose Guillermo Perez and Hilaria Robelina Ramirez, for not being a good son, forgive me, I recognize that I failed, but I love you. God gives me another chance to get close to all my family again, and Jesus Christ, the most important for my salvation. I, Eliseo, was a trucker that did well while I had physical health, but I was not prepared for the worse. I ventured through America.

I traveled through roads, backgrounds, towns, but I say this because I know that many, like me, are traveling and living the moment, but we have to prepare for the test that, in first place, entails our life with Jesus Christ, but also think of our families; not only to travel the day, that will happen to them when the storm comes, are you prepared?

THE JOY OF DRIVING

Driving a truck was my joy, but the end came, the privilege was over, but life goes on. Although with my thoughts I can go time and time again, travel and enjoy, for God made imagination, and to remember is to relive.

I hope to narrate my adventures so that, like I lived day by day, to you, trucker, I hope the same does not happen, for my sleeplessness and hunger were not worth it in a certain sense.

So what to do behind the wheel of an 18-wheeler. Well it is a beautiful emotion but a big responsibility, you prepare to lawfully travel the road, your hour report to pass the tolls, that is another stress to pass in front of the cops, but when they are in a bad mood, making inspections; it is unfortunate if they find something that you must repair on your truck, to wait for the mechanic and then they take advantage, they charge more than usual, and then if you have not eaten, to suffer hunger, sometimes for the entire day, and who thanks you, no one; moreover they punish you, well, I tell you so that you prepare because everything has consequences.

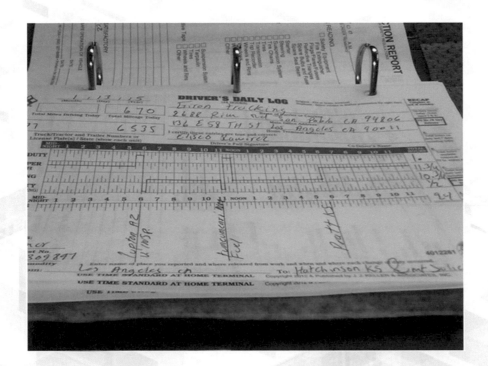

WHO REMEMBERS YOU?

I, in time, found out and no one will remember you. Only Jesus Christ who rescued me to give me new life with his death on the cross. Search for Him now that there is time, before you suffer what I suffered, but thanks to God I have life and hope to thank Him.

The only ones who are with me are my family, whom I appreciate and love, and additionally I thank them for their unconditional support in my life. God bless them always.

You know, I too lost my house, as many who are leaving their lives behind the wheel of an 18-wheeler have.

THE PRICE

We stop taking care of the wife, the children, we do not help them with homework because there are so many disobedient children, because they raise themselves. Well, the father is far away traveling roads, when we should see our children, they are our legacy, for in the Bible it says "The legacy of Jehova are the children, and thing that stems from the womb" (Psalm: 127:3) Because of that, we must tend to their needs.

The price paid by the sons in a great nation like America, are the tears, because, also the mothers leave them with their caretaker or in the pre-school from six in the morning to three in the afternoon. We must plant love, money, attention, care, joy in our children, they are our future.

For they do matter; unlike a trip paid at the end where the money is spent on repairs, but we do not grasp that until we have lost everything, the broker or owner of the merchandise you are moving, does not thank you if someone makes money, be it the broken whom does get paid well, and that the poor driver that suffers the inclement weather, water, snow and placing chains to reach his destination.

Well to avoid accidents, most times they close the roads, and you are left stranded and without food.

THE MIGRANTS

They are undocummented people who most time suffer but only you bare it and from there the diseases in the future you must pay the consequences, the truth us a great nation moved by immigrants from all parts of the world.

Of course, by citizens too, the prices of houses in Guatemala and other nations, tears of the children left all day in the care of someone else, or the neighbor, that suffer the undernourishment of childhood whom make it where most end up will be in the universities or the jails, there are few who gain their title because of the American Dream.

Also there are few who make it, because they fear loneliness, well only in a great city who knows you exist; only your family, whom most times you abandon, for the long time you spend away from home. Remember, every day is an opportunity, to live, dream, to work, to breathe, so enjoy it and keep, in everything, the presence of God, your family that surely loves you, your country, to the land that saw you born, grow and fly as well. I know that God is a God of opportunities, and hope to have another chance and this time do it right, with God in first place of course, but for that I have to ask for wisdom, only then will I make it.

TRAVELING THROUGH OREGON

Well, I tell you a little bit about the State of Oregon, very beautiful, with its mountains and rivers, deer; from there Christmas trees come, also flowers, also construction wood and all kinds of wood.

TRAVELING THROUGH SEATTLE

The State of Seattle, Washington, also produces apples, potatoes and they bring them to California. It also produces paper, brought in paper rolls; it has nice places but almost always it is raining, which is why the trees and pasture are always green.

In fact, the state where it most rains in the year and also a lot of snowfall, and there are many Latinos working in the mountains gathering timber, and also I show you these pictures so you see the natural beauty of the creation of our God Almighty, Glory be onto Him forever and also the States of the American Union.

ARIZONA

Arizona has beautil places, albeit desert, it is the state where many who try to cross it perish, we may see so much documentation that confirms that there lies many Latin people for the dream, the American Dream, meaning, diverse things to diverse people.

To me, the American Dream means opportunity First, What is the American Dream to you? To me, it was the idea of Living in the United States, have a house, study and work in what you studied.

Supposedly upon getting these things, you would achieve the so-desired "American Dream", which supposedly leads to happiness, and it is not strange to doubt this strange concept which we characterize as an attainable dream beforehand.

But, try to think a little more, at what price do you achieve this dream. We leave everything behind for this dream: family, country, customs, culture, and the people you love, because you have a firm idea of realizing that dream which will make you happy. You work hard for it for years, sacrifice everything you have, including part of your life, to reach the summit of that dream.

Once there, You made it! Now you look back and wonder if it was really worth it, you focused so much on that dream without questioning if it would really be worth it. Well, an American has the chance to do many things, and an immigrant can also make it far, through work, enthusiasm, and especially supporting his children in their education, because education is the best inheritance that parents can give to their children; with it, better opportunities come. For the children, and to be able to be competent, titled, with better job opportunities.

In some countries women do not have the chance to go to school. Because of it, you have to support daughters as well as sons in their education. Having an American Dream is beneficial to society. To the country of origin, and mostly to family. It is to fight and believe in something, but at the same time people must be realistic over what it takes to achieve the American Dream. Be conscious of the risks.

THE PORT OF LONG BEACH, CA

Well, I will tell you something about the Port of Long Beach, CA, where most containers that bring toys, textile, well almost everything that is moved in Los Angeles that comes from other countries, especially China. Well, to begin, the entry, the great truck lines and that think that for forty dollars for a container and a few hours to take out and how many they take out every day, because it requires much patience and then dealing with traffic that is something not for the faint of heart, because accidents are observed; high speed cards, narrow places but well, you have to do it, it is how all the merchandise of the great National of the United States of America.

Well, I tell this because I know there are so many of us who dream to be truckers but those are dreams each one has to realize. Where, also Miami, FL, has ports, New York, among other cities, from everywhere containers come, and let us not say by train. In this way, merchandise of different types is moved everywhere.

Oh, I asked myself how this great nation moved, and like me many may ask the same, well, that is how everything moves in the Nation, by trailer and also planes, everything is moved. Let me tell you that brokers are so undair of the loads they pay you well to one side, but on the return they take your eyes out, because they pay very little, think you're doing them a favor not a job, for example a trip to Miami, FL, they pay one dollar with forty cents, but the return trip they pay ninety cents, that is not fair, but there is someone who does it, merely to survive because it is not a good business for one, only for the broker who takes advantage of the truckers that suffer sleeplessness and hunger to reach their destination.

TRAVELING THROUGH THE 4 CARDINAL POINTS

And that is where you want to run to the north or south, to all the cardinal points, they have it all controlled, and no one says anything, they only suffer, they live it, they bare it but they keep doing it until there is a control, something fair to everyone, that is my hope.

Well, this is part of my History of Eliseo as a trucker of 18-wheeler, driving day and night. If life hits you, it is so we recognize God Almighty in our lives and learn to value our wife and children and all our family, which God gave us is so we love him and are happy, amen.

BIOGRAPHY

Eliseo, of Guatemalan nationality, I was born in 1968. I studied in IMEBCA until third grade and came to the US where I worked as a truck driver for 15 years. I live in Los Angeles, CA, with my wife and two children. This book is dedicated to God, to my wife, to my children, to my parents and fellow truckers that daily toil the roads to earn their daily bread.

Album de fotografías

Printed in the United States
By Bookmasters